HIV/AIDS in Deutschland

Rentenzugänge wegen verminderter Erwerbsfähigkeit nach SGB VI bei HIV/AIDS der Jahre 2008-2013
Eine sozialmedizinische Betrachtung

Monografie

Dr. Helga Exner-Freisfeld
Universitätsklinikum Frankfurt am Main
Zentrum der Inneren Medizin,
Medizinische Klinik II, Infektiologie

Editorial: Gesetzliche Rente bei HIV
–Vorwort zur Arbeit von Dr. med. Helga Exner-Freisfeld-

Die öffentliche Meinung zu Patientinnen und Patienten mit einer chronischen Erkrankung ist nicht selten negativ besetzt. – Vorurteile bestimmen oft die Diskussionen. So liest man im Internet mitunter, dass es Menschen gegeben haben soll, die bewusst das Risiko einer HIV-Infektion eingegangen waren, um im Fall des Erwerbs einer HIV-Infektion dann die Berentung anzustreben. – Eine von vielen unüberprüfbaren Mythen und Legenden, die das anonyme Internet ermöglichen.

Dagegen stehen neben den Erfahrungen von einigen HIV-Infizierten, die kaum von ihrer zu früh beantragten Grundsicherung leben können und dazu verdienen müssen, ebenso wie die praktische Erkenntnis, dass im Vergleich zur Normalbevölkerung die HIV-Infizierten eher häufiger im aktiven Arbeitsverhältnis stehen. So ist die Arbeitswelt nicht selten bedeutende Identifikationsmöglichkeit im Leben dar, insbesondere wenn eine eigene Familie fehlt. Im Jahr 2015 lebten einer Schätzung des Robert-Koch-Instituts zufolge etwa 83.400 Menschen mit HIV und AIDS. Bereits aus früheren Erhebungen ist eine Erwerbsquote von mehr als 64% für HIV/AIDS-Infizierte beschrieben, was einer Zahl von 53.500 HIV-Positiven in Deutschland entspricht, die in einem Beschäftigungsverhältnis stehen. Somit ist diese chronische Erkrankung, wie kaum eine andere, fest verankert in der Arbeitswelt und im Durchschnitt besteht hinsichtlich der Leistungsfähig kaum eine Einschränkung gegenüber nicht-HIV-infizierten Kolleginnen und Kollegen.

In der vorliegenden Zusammenstellung bietet Helga Exner-Freisfeld eine umfassende Übersicht zum Thema „Gesetzliche Rente bei Menschen mit HIV" an. Ziel dieser Publikation ist es, mit Vorurteilen aufzuräumen und einen Beitrag zu leisten, um die konkrete Lebenswirklichkeit von HIV-positiven in der Erwerbswelt abzubilden.

Somit kann diese Broschüre zu einer hilfreichen Lektüre für Menschen werden, die in diesem Spannungsfeld arbeiten oder zur konkreten Handlungsanleitung für Betroffene dienen.

Für diese Publikation wünsche ich meiner Kollegin eine positive Resonanz.

Priv.-Doz. Dr. med. Christoph Stephan

Oberarzt am Schwerpunkt Infektiologie/HIVCENTER
der Johann Wolfgang Goethe-Universität Frankfurt am Main

Inhaltsverzeichnis

HIV und AIDS-Eine Chronik

HIV und AIDS - eine Chronik

1978

In Deutschland wird bei einem Patienten eine **rätselhafte Erkrankung** festgestellt. Bei späteren Analysen stellt sich heraus, dass der Patient mit dem Hi-Virus infiziert war.

Dies war der erste dokumentierte AIDS-Fall hierzulande. [2]

1981

Aus Los Angeles wird über eine **ungewöhnliche Konstellation** von Pilzinfektionen und speziellen Lungenentzündungen bei fünf offenbar sonst gesunden homosexuellen Männern berichtet.

Später erscheint in der New York Times ein Artikel über eine Reihe ähnlicher Krankheitsfälle bei Homosexuellen mit Kaposi-Sarkomen.

1982

Im Juni wurde in **Frankfurt**, in der infektiologischen Abteilung der Goethe-Universität, der **erste AIDS-Patient** von Frau Prof. Helm und Prof. Schlomo Staszewski diagnostiziert. An der neu entdeckten Krankheit, verursacht durch das tödliche Abwehrschwächevirus, starb der Patient. Es gab damals noch keine Medikamente.

1982

Das neue Krankheitsbild wird auch in Europa beobachtet.

Die Erkrankung erhält den Namen **Acquired Immune Deficiency Syndrome**, kurz AIDS.

In den USA stellt Robert Gallo die Hypothese auf, dass AIDS durch ein Retrovirus ausgelöst wird.

1983

Luc-Montagnier und seinem Team gelingt am Institut Pasteur in Paris der **Nachweis eines Retrovirus**. Er schickt Proben des Virus an Robert Gallo in den USA.

1984

In **Deutschland** kommen die **ersten HIV-Antiköpertests** zum Einsatz.

1985

Die Gesundheitsbehörde der **USA lässt den ersten HIV-Antikörpertest** zu.

Der erste HIV-Patient erhält im Rahmen einer Studie den Wirkstoff AZT(Azidothymidin). Die Substanz blockiert das Enzym Reverse Transkriptase, das für die Umschreibung der Virusinformation in menschliche DNA wichtig ist.

1987

Die amerikanische Gesundheitsbehörde (**F**ood and **D**rug **A**dministration, kurz FDA) lässt AZT unter dem Namen *Retrovir* als **erstes Medikament gegen AIDS** zu.

1993

Die europäische **Concorde-Studie** kommt zu dem Ergebnis, dass eine Monotherapie mit AZT keinen zusätzlichen Nutzen bringt.

1995

Studien belegen, dass der Einsatz von AZT in Kombination mit ddI oder ddC gute Behandlungsergebnisse erzielt.
Die FDA lässt einen ersten Proteasehemmer (Saquinavir, Invirase) für die **Kombinationstherapie** zu.

1996

Weitere Proteasehemmer werden von der FDA zugelassen. Dies ermöglicht gute Kombinationstherapien.
Die hochaktive antiretrovirale Therapie HAART (**H**ighly **A**ctive **A**nti-**R**etroviral **T**herapie) in der AZT, ddI oder ddC mit einem Proteasehemmer kombiniert werden, wird zum Behandlungsstandard.
Ebenfalls 1996 ermöglichen Tests erstmals die Bestimmung der **Viruslast** im Blut.

1998

Ein **neuer Test zum Nachweis der Viruslast** im Blut kommt auf den Markt. Die untere Nachweisgrenze bei diesem liegt bei 50 Kopien, die vorherigen Test konnten die Viruslast lediglich bis 400 Kopien nachweisen. Damit ist der erste **hochempfindliche** und **sehr verlässliche** Test auf dem Markt.

2000

Die Europäische Union erteilt die **Zulassung** für eine Dreier-Kombinationspille **Trizivir**, bestehend aus AZT, 3TC und Abacavir.

2003

In den USA erhält ein erster Fusionshemmer (Enfuvirtid) die Zulassung.
Der erste und damals einzige Lehrstuhl für HIV-Medizin wird an der Goethe-Universität Frankfurt eingerichtet. Auf den Lehrstuhl wird Prof. Schlomo Staszewski berufen.

2006

In den USA wird die erste Dreierkombination in einem Medikament zugelassen, das nur einmal täglich eingenommen werden muss.

2007

Die **Impfstoffentwicklung** erleidet einen **schweren Rückschlag**. In einer großen Studie hatten sich mehr Impflinge mit HIV-infiziert als Menschen, die nicht mit dem neuen HIV-Impfstoff geimpft waren. Der Impfstoff scheint also die Anfälligkeit für HIV-Infektion eher erhöht als gesenkt zu haben. Trotz des Rückschlags wird weiter an der Entwicklung einer einsatzfähigen Schutzimpfung geforscht. Die genetische Wandelbarkeit des Virus macht es den Forschern besonders schwer. [3]

2008

Das **neue HIV-Medikament** Maraviroc greift nicht das Virus direkt an, sondern verhindert das **Eindringen** des Virus in die Zelle. Es blockiert eine Schlüsselstelle auf der Zellmembran, den Ko-Rezeptor CCR5 (Chemokininrezeptor), so die Uniklinik Köln, am 06.10.2008.

Man weiß, dass Menschen, bei denen CCR5 fehlt, sich nicht mit HIV infizieren, sondern gewissermaßen einen natürlichen Schutz besitzen.

Weitere **HIV-Hemmer** werden entwickelt.

2009

Im Oktober kommen hoffnungsvolle Pressemitteilungen über einen Impfversuch aus Thailand. Nach genauen Analysen breitet sich auch hier Ernüchterung aus. [3]

Der Verwaltungsrat von **UNITAID** (internationalen Einrichtung zum Erwerb von Medikamenten gegen HIV/AIDS, Malaria und Tuberkulose, zugehörig zur WHO) gibt grünes Licht für einen **Patentpool für AIDS-Medikamente**. UNITAID setzt sich für eine globale Verteilung von Medikamenten ein, davon profitieren vor allem Menschen in Ländern mit niedrigem Einkommen.

2010

Die FDA lässt den ersten einminütigen HIV-Schnelltest in den USA zu.

Neue Hoffnung auf einen **HIV-Impfstoff**: Kombinationsimpfstoff aktiviert Killerzellen und fördert die Zerstörung infizierter Zellen.

2011

Das **R**obert-**K**och-**I**nstitut (RKI) errechnet, dass die Zahl der **Neuinfektionen in Deutschland seit 2007 sinkt**.

2012

Forscher der University of California forschen am Einsatz von gentechnisch aufgerüsteten **Blutstammzellen als Mittel gegen AIDS**. Bei HIV-Positiven Mäusen können vielversprechende Ergebnisse erzielt werden. [18]

2013

Die Hoffnungen auf eine **Impfung** werden nach **erfolglosen Tests** vorerst enttäuscht.

2014

Neue Medikamente mit **neuen Angriffspunkten** werden entwickelt.
Laut RKI haben sich 3.200 Menschen in Deutschland infiziert.

2015

Im Universitätsklinikum Hamburg entfernen Forscher den „**Türgriff**" und verwehren so HI-Viren den Eintritt in die Zelle. Sie haben eine **molekulare Schere** entwickelt, mit der sich das Gen für einen Rezeptor, den HI-Viren für die Infektion benötigen, gezielt **zerschneiden** lässt. [8]
Trotz der großen Fortschritte, lässt sich das HI-Virus aber noch nicht endgültig besiegen.
Forscher des Paul-Ehrlich-Instituts haben gemeinsam mit Kollegen aus Kalifornien und New-York einen **Rezeptor** identifiziert, der es Zellen des Immunsystems ermöglicht, das **HI-Virus** zu erkennen und eine Immunantwort auszulösen. [5]

1 Einleitung: HIV und AIDS

AIDS ist die Abkürzung für den englischen Begriff „**A**cquired **I**mmune **D**eficiency **S**yndrome" und bedeutet „Erworbenes Immunschwächesyndrom." Die Krankheit beruht auf den Auswirkungen einer Infektion mit dem menschlichen Immunschwächevirus (engl. **H**uman **I**mmunodeficiency **V**irus, abgekürzt **HIV**) [1].

HIV gehört zu den Erregern, die als „Retroviren" bezeichnet werden. Ein Retrovirus ist dadurch gekennzeichnet, dass es keine eigene DNA hat, sondern nur aus einem einzelnen Strang RNA (Ribonukleinsäure) besteht. Um sich zu vermehren, muss die RNA von Retroviren zunächst einmal mittels reverser Transkription in ein DNA- Molekül umgeschrieben werden, bevor sie als solche in das Genom d.h. Erbgut der Wirtszelle eingebaut und dort aktiv werden kann.

Wie alle Viren kann sich auch das HI-Virus nicht selbst vermehren. Hierfür braucht es bestimmte Zellen. So nutzen die HI-Viren für ihre Vermehrung bevorzugt Zellen des Immunsystems, vor allem die T-Helferzellen (auch CD4- oder T4-Zellen oder einfach Helferzellen genannt). HIV dringt in diese Wirtszellen ein und zwingt sie zur Produktion neuer Viren.

Die Bezeichnung „Immunschwäche-Virus" deutet bereits an, was HIV in uns anrichtet: Es schädigt das Immunsystem. Dadurch können sonst harmlose Infektionen schwere und sogar lebensbedrohliche Erkrankungen verursachen. Man bezeichnet sie als „opportunistische Infektionen", weil sie die günstige Gelegenheit, nämlich die Schwäche des Immunsystems, nutzen, um sich zu vermehren. Letztlich wird das Immunsystem von dem HI-Virus nicht nur geschwächt sondern sogar zerstört.

HIV schädigt das Immunsystem, indem es unter anderem die T-Helferzellen befällt und sich in ihnen vermehrt. Mit voranschreitender HIV-Infektion nehmen die Zahl und die Funktionsfähigkeit der Helferzellen ab. Das Immunsystem ist dadurch immer weniger in der Lage, den Körper vor Krankheiten zu schützen. Wenn sich opportunistische Infektionen entwickeln spricht man von AIDS.

Um den Verlauf der HIV-Infektion und den Zustand des Immunsystems zu überwachen, werden in regelmäßigen Abständen Blutuntersuchungen zur Messung der Helferzahl und der Viruslast durchgeführt. Anhand dieser Blutwerte lässt sich feststellen, ob und wieviel HIV das Immunsystem bereits geschädigt hat und wie schnell sich das Virus im Körper vermehrt.

1.1 Warum gibt es noch keine Heilung?

Das HIV baut sein eigenes Erbmaterial in das menschliche Erbgut unserer Zellen ein und kann sich dort vermehren. Solange nur eine dieser Zellen mit eingebautem HIV-Erbmaterial in unserem Körper verbleibt wird es z.B. nach Absetzen der HIV-Medikamente immer wieder zur Virusvermehrung kommen. Könnte man das Viruserbmaterial zu 100% aus den infizierten Zellen entfernen, wäre eine dauerhafte Heilung gegeben. Das gibt es leider heute noch nicht.

1.2. Woher kommt AIDS ursprünglich?

Inzwischen gilt es als gesichert, dass bereits Anfang des 20. Jahrhunderts ein Urtyp des HI-Virus von Affen auf den Menschen übertragen wurde. Als Vorgänger des HIV-Erregers wurde das bei Schimpansen vorkommende SIV (**S**imian **I**mmunodeficiency **V**irus) identifiziert. Es ist verwandt mit HIV 1, welches 1983 als Erreger von AIDS identifiziert wurde und mindestens 10 Subtypen hat.

Experten gehen davon aus, dass die Verbreitung von HIV vermutlich in der Region Westafrikas (Kamerun) begann.

1.3 Übertragungswege

Weltweit häufigster Übertragungsweg ist ungeschützter heterosexueller Geschlechtsverkehr. Regional unterscheiden sich die im Vordergrund stehenden Übertragungswege, so ist in Deutschland wie in den meisten Industriestaaten ungeschützter homosexueller Geschlechtsverkehr mit über 50% häufigster Übertragungsweg. Inzwischen nehmen Infektionen über heterosexuelle Kontakte zu. Weitere mögliche Infektionen erfolgen durch den gemeinsamen Gebrauch von Spritzen und Spritzenzubehör unter Drogenabhängigen.

Zur Vermeidung einer HIV-Übertragung bei der Anwendung von Blutprodukten werden in Deutschland die Spender sorgfältig ausgewählt und das gespendete Blut regelmäßig auf das HI-Virus getestet. Ebenso können Schwangerschaft, Geburt und Stillen bei HIV-positiven Müttern zu einer Ansteckung des Kindes führen. Durch medizinische Vorsichtsmaßnahmen, wie HIV-Tests zum Erkennen der Infektion der Schwangeren und sofortiger Behandlung, kann man die Infektion von Kindern bei der Geburt verhindern. Deshalb wird in der Schwangerschaftsvorsorge ein HIV-Test angeboten und empfohlen

Leider ist in den Mutterschaftsrichtlinien ein routinemäßiger HIV-Test nicht vorgesehen. Die Schwangere muss sich selbst entscheiden, ob sie einen HIV-Test machen möchte oder nicht. In Deutschland werden pro Jahr etwa 250 Kinder von HIV-positiven Müttern geboren. Nur 1-maximal 2 Prozent der Neugeborenen sind dank guter Prophylaxemaßnahmen HIV-positiv. Die erfolgte Beratung zum Test ist laut der geltenden Mutterschaftsrichtlinien im Mutterpass zu dokumentieren, die Durchführung und das Ergebnis jedoch nicht. Das Angebot eines HIV-Tests bei Schwangeren ist ein wichtiger Schritt für eine effektive Prävention der fatalen Infektion. Immerhin hat sich die Hälfte der HIV-infizierten Schwangeren in der Bundesrepublik Deutschland auf sexuellem Wege infiziert.

1.4 Diagnose der HIV-Erkrankung frühzeitig stellen

Wichtig ist, die Diagnose der HIV-Erkrankung so früh wie möglich, d.h. vor Ausbruch von AIDS zu stellen. Etwa jeder dritte HIV-Positive in Deutschland ahnt nichts von seiner Infektion. Sie gefährden nicht nur ihre eigene Gesundheit, sondern sie können das HI-Virus auch weiter verbreiten. Obwohl Medikamente vor einer Weitergabe des Virus schützen können, steigt die Zahl der Neuinfektionen hierzulande leicht an.

Laut europäischem AIDS-Kongress in Brüssel 2013 wissen etwa ein Drittel der 2,4 Millionen HIV-positiven Menschen in Europa nicht, dass sie mit dem Erreger infiziert sind. In ganz Europa nehmen HIV-Infektionen sogar zu. Zwischen 850.000 und 900.000 Menschen haben sich angesteckt ohne es bisher bemerkt zu haben und es dauert oftmals acht bis zehn Jahre, bis die Krankheit entdeckt wird. „In diesem langen Zeitraum können Infizierte viele andere Menschen anstecken und ihre eigene Gesundheit hat auch bereits gelitten. Das Immunsystem der Infizierten ist dann schon stark angegriffen und ihre Lebenserwartung hat sich verringert" [11].

HIV/AIDS hat sich seit seinem Ausbruch in Zentralafrika im Laufe der Zeit über alle Kontinente ausgebreitet. Jüngster Brennpunkt der weltweiten Epidemie sind die Staaten der ehemaligen Sowjetunion im östlichen Europa und in Zentralasien, wo sich die Lage zusehends verschlimmert. Besonders betroffen sind Frauen, vor allem Prostituierte und Drogenabhängige. Drei Viertel aller Infizierten sind nicht einmal 30 Jahre alt.

Viele Staaten haben schon jetzt höhere Neuinfektionen als in Subsahara/Afrika. Hier leben mit 28,4 Millionen zwei Drittel aller weltweit Infizierten, wobei die Situation in einzelnen Ländern stark variiert.

1.5 Medizinisch diagnostisch wichtig

Um dem Missstand der nicht entdeckten HIV-Infektion abzuhelfen, müssen jene Beschwerden mit HIV in Zusammenhang gebracht werden, die auf den ersten Blick wenig mit AIDS zu tun haben. So können Symptome wie ein grippaler Infekt und Lymphknotenschwellung, Pfeiffersches Drüsenfieber, Herpes Zoster, Hepatitis, Tuberkulose, Gebärmutterhalskrebs aber auch Lymphdrüsenkrebs, eine Entzündung der Speiseröhre und der Mundhöhle mit Candida-Pilzen usw. bei Patienten, deren Immunsystem vom HI-Virus geschwächt ist, anzutreffen sein. Wenn Ärzte bei diesen Symptomen automatisch zu einem HIV-Test raten würden, könnten viele Kranke und etliche Gesunde, bei denen in der Folge eine Ansteckung vermieden würde, davon profitieren.

Es ist also wichtig und eine große Herausforderung, rechtzeitig die Diagnose einer bereits vorliegenden HIV-Infektion zu stellen. Je früher die Diagnose gestellt wird und die Therapie beginnt, desto geringer ist das Risiko, an Infektionen bei gestörter Immunantwort (opportunistischen Infektionen) zu erkranken und so das Sterblichkeitsrisiko zu senken.

Die bisherigen Therapieerfolge haben zu einer fast normalen Lebenserwartung von HIV-infizierten Menschen geführt.

Eine günstige Prognose haben hauptsächlich jene Infizierte, deren Erkrankung bald nach der Ansteckung erkannt und wenn nötig sofort behandelt wurde.

Eine unentdeckte HIV-Infektion ist nach wie vor ein Problem. Ein wichtiges Ziel ist es demnach Menschen zu motivieren, sich testen zu lassen, wenn nötig auch wiederholt. Ohne Test gelingt es zumeist nicht eine HIV-Infektion früh zu erkennen. [11]

Durch medizinische Fortschritte ist die HIV-Infektion zu einer chronischen, gut behandelbaren Krankheit geworden.

1.6 Epidemiologie von HIV/AIDS weltweit

AIDS wurde 1981 erstmals beschrieben. Inzwischen gibt es kein Land mehr, das nicht betroffen ist.

Meist erkranken zunächst Personen aus den sogenannten Hochrisikogruppen (i. v. Drogengebraucher/-innen, Menschen in der Prostitution und Männer, die Sex mit Männern haben) aber auch andere Personengruppen infizieren sich vor allem durch ungeschützten Sexualverkehr.

In den meisten Industriestaaten ist homosexueller Geschlechtsverkehr der häufigste Übertragungsmodus. In den Ländern der ehemaligen Sowjetunion ist es der Austausch von Spritzen unter I.V. Drogengebraucher/-innen.

In Subsahara/Afrika infizieren sich die meisten Menschen durch heterosexuellen Geschlechtsverkehr.

In den Industriestaaten Westeuropas ist die Prävalenzrate von AIDS, d.h. die Zahl der Erkrankten im Verhältnis zur Zahl der untersuchten Personen eher ein marginales Gesundheitsproblem, während AIDS in Subsahara/Afrika zur häufigsten Todesursache überhaupt geworden ist. Jeder 5. Todesfall in Afrika ist inzwischen auf HIV/AIDS zurückzuführen. Die Lebenserwartung ist in einigen Staaten um über 20 Jahre gesunken. Sehr erschreckend ist, dass weit über 10 Millionen Kinder bereits zu Waisen wurden. Wirtschaftlich erleiden die betroffenen Staaten massive Einbrüche.

Laut UNAIDS lebten Ende 2014 weltweit 35,3 Millionen Menschen mit HIV/AIDS (davon 50% Frauen). Am schwersten betroffen ist die Region Subsahara/Afrika, hier leben 25 Millionen HIV-infizierte Menschen. Die größte Ausbreitungsgeschwindigkeit findet sich derzeit in den Ländern der ehemaligen Sowjetunion (Lettland, Estland, Russland, Ukraine) sowie in Süd– und Südostasien. Estland hat sogar die höchste HIV-Rate in Europa; wobei die meisten HIV-Erkrankten junge Drogenabhängige sind, die sich über kontaminierte Spritzen infizieren [6].

1.7 Allgemeiner Überblick der HIV-Infektionen und AIDS Erkrankungen in Deutschland

Die epidemiologische Überwachung von Infektionskrankheiten, so von HIV/AIDS, erfolgt in Deutschland über das Robert Koch-Institut (RKI), Abteilung Infektionsepidemiologie. Das RKI ist ein Bundesinstitut im Geschäftsbereich des Bundesministeriums für Gesundheit. Ziel dieser Überwachung (Surveillance) ist das Erkennen der aktuellen Entwicklung der Infektion.

Die Bestimmung der Anzahl der **HIV-Neuinfektionen** pro Zeiteinheit, die sog. HIV-Inzidenz ist bekanntermaßen methodisch sehr schwierig, da der Zeitpunkt der Infektion meist nicht bekannt ist und der HIV-Bestätigungstest zwischen Infektion und durchgeführtem HIV-positivem Test weit auseinanderliegen können. Die vom RKI vorgelegten Zahlen der **HIV-Neudiagnosen** dürfen weder mit der HIV Inzidenz, d.h. der Anzahl der HIV-Neudiagnosen pro Zeiteinheit, noch mit der Prävalenz d.h. der Anzahl der zu einem bestimmten Zeitpunkt bestehenden HIV-Infektionen gleichgesetzt werden.

Die Schätzung der Zahl der neu infizierten Personen beruht auf einer unvollständigen Datenbasis, da ein erheblicher Teil der in den letzten Jahren neu infizierten Personen erst mit einer Verzögerung von einigen Jahren diagnostiziert werden kann. Daher können sichere Trends sowohl über- als auch unterschätzt werden.

Die nun folgenden Tabellen wurden den jeweiligen „Epidemiologischen Bulletins"
des RKI der Jahre 2008-2012 entnommen, die am Ende eines jeden Jahres vor
dem Welt-AIDS-Tag veröffentlicht werden.

1.7.1 Menschen, die mit HIV/AIDS in Deutschland leben

Tabelle 1: Menschen, die mit HIV/AIDS in Deutschland leben

Menschen, die mit HIV/AIDS in Deutschland leben (Schätzung des RKI)	2008	2009	2010	2011	2012
Gesamt	**~ 63.500**	**~ 67.000**	**~ 70.000**	**~ 73.000**	**~ 78.000**
Männer	~ 51.800	~ 55.000	~ 57.000	~ 61.500	~ 63.000
Frauen	~ 11.700	~ 12.000	~ 13.000	~ 11.500	~ 15.000
darunter Kinder	~ 200	~ 200	~ 200	~ 200	~ 200
darunter Menschen, die mit AIDS leben	~ 10.500	~ 11.300	–	–	–
Verteilung nach Infektionsrisiko					
Männer, die Sex mit Männern haben (MSM)	~ 38.700	~ 41.400	~ 42.000	~ 45.000	~ 51.000
Heterosexuelle Kontakte	~ 8.700	~ 9.200	~ 10.000	~ 11.000	~ 17.000
Personen aus sog. Hochprävalenzregionen*	~ 7.300	~ 7.500	~ 7.300	~ 7.800	~ 7.400
i. v. Drogengebraucher	~ 8.200	~ 8.200	~ 10.000	~ 8.600	~ 8.400
Hämophile und Bluttransfusionsempfänger	~ 600	~ 500	~ 500	~ 450	~ 45
Mutter-Kind-Transmission	~ 200	~ 200	~ 430	~ 420	~ 420
Todesfälle bei HIV-Infizierten	**~ 650**	**~ 550**	**~ 550**	**~ 500**	**~ 550**

* ab 2012: Personen, die sich <u>nicht</u> in
  Deutschland infiziert haben.

In **Deutschland** lebten Ende 2012 laut RKI ca. 78.000 Menschen mit HIV/AIDS, darunter 15.000 Frauen und 63.000 Männer.

Die Zunahme der Zahl der Menschen die mit HIV/AIDS leben, insbesondere seit Mitte der 1990er Jahre, ist sicherlich dadurch mit bedingt, dass seit dieser Zeit durch die Verfügbarkeit hochwirksamer antiretroviraler Therapien weniger Menschen mit oder an einer HIV-Infektion versterben.

Eine deutliche Zunahme ist bei MSM (Männern, die Sex mit Männern haben), als auch bei Frauen mit heterosexuellen Kontakten, zu sehen. Die am stärksten betroffene Gruppe mit dem höchsten Infektionsrisiko bilden nach wie vor Männer, die Sex mit Männern haben. Diese Anzahl lag 2012 bei ~51.000 und die Zahl der Ansteckung über heterosexuelle Kontakte bei ~17.000.

1.7.2 HIV-Neuinfektionen in Deutschland

Tabelle 2: HIV-Neuinfektionen in Deutschland

HIV-Neuinfektionen in Deutschland	2008	2009	2010	2011	2012
Gesamt	~ 3.000	~ 3.000	~ 3.000	~ 2.700	~ 3.400
Männer	~ 2.650	~ 2.650	~ 2.700	~ 2.250	~ 3.000
Frauen	~ 350	~ 350	~ 290	~ 450	~ 410
Kinder	~ 25	~ 25	—	—	—
Infektionswege (geschätzt)					
Männer, die Sex mit Männern haben (MSM)	72 %	72 %	~ 2.200	~ 1.500	~ 2.500
Heterosexuelle Kontakte	20 %	20 %	~ 580	~ 820	~ 630
i. v. Drogengebrauch	8 %	8 %	~ 170	~ 360	~ 210
Mutter-Kind-Transmission	< 1 %	< 1 %	< 10	< 10	< 10
Neue AIDS-Erkrankungen (klin. AIDS)					
Gesamt	~ 1.100	~ 1.100	~ 760	~ 1.000	~ 820
Männer	~ 900	~ 900	~ 610	~ 900	~ 720
Frauen	~ 200	~ 200	~ 150	~ 110	~ 110
darunter Kinder	~ 5	~ 5	~ 5	< 10	< 10
Todesfälle bei HIV-Infizierten	~ 650	~ 550	~ 550	~ 500	~ 550

Die Gesamtzahl der HIV-Neuinfektionen ist 2008, 2009 und 2010 annähernd gleichgeblieben. 2011 zeigt sich ein geringer Rückgang, gefolgt von einem Anstieg 2012. Der Anstieg der HIV-Neudiagnosen beruht z.T. auf einer verbesserten Datenqualität als auch darauf, dass ein großer Anteil der von Ärzten eingehenden Meldungen als HIV-Neudiagnose bestätigt wurde.

Es gibt aber auch eine reale Zunahme von HIV-Neudiagnosen. Der Anstieg der HIV-Neudiagnosen, so das RKI, kann wiederum zum einen auf vermehrter Wahrnehmung von Testergebnissen, zum anderen auf einer realen Zunahme von HIV-Neuinfektionen beruhen.

Zusammenfassend sagt Dr. Osmah Hamouda, Leiter der RKI-Fachgruppe HIV/AIDS und anderer sexueller oder durch Blut übertragbarer Infektionen:

„Die Infektionszahlen in Deutschland sind stabil, aber unverändert hoch. Nach gesunkenen Neuinfektionen in den neunziger Jahren und einem erneuten Anstieg bis etwa 2005 bewegen sich die Zahlen auf einem relativ stabilen aber unverändert hohen Niveau".

2 Die gesetzlichen Rentenversicherung

Aufgabe der gesetzlichen Rentenversicherung, die heute unter dem Namen Deutsche Rentenversicherung (DRV Bund) läuft, ist die finanzielle Absicherung der Versicherten für den Fall, dass eine Erwerbstätigkeit nicht mehr ausgeübt werden kann, zu garantieren.

Die gesetzliche Rentenversicherung in Deutschland feierte ihr 125-jähriges Bestehen im Jahre 2014. Die Einführung derselben durch Otto von Bismarck 1889 ist zur Absicherung des Risikos der Erwerbsminderung von großer Bedeutung. In ihrer Festrede beim Festakt in Berlin am 02. Dezember 2014 betonte die Bundeskanzlerin: „Die gesetzliche Rentenversicherung ist und bleibt ein prägendes Merkmal unseres lebendigen Sozialstaates. Seit 125 Jahren trage die gesetzliche Rentenversicherung in herausragender Weise dazu bei, den sozialen Zusammenhalt in der Gesellschaft zu erhalten und zu stärken [14]."

Nach wie vor ist und bleibt die gesetzliche Rente ein wichtiger Baustein der Altersversorgung.

Die Regelung der gesetzlichen Rentenversicherung erfolgt im SGB VI.

Renten der gesetzlichen Rentenversicherung sind monatlich wiederkehrende Leistungen in Geld mit Einkommens- oder Unterhaltsfunktion. Sie sollen die wirtschaftlichen- und sozialen Belange des Lebens sichern.

Renten gibt es im Wesentlichen in 3 Formen:

1. Altersrente
2. Rente wegen verminderter Erwerbsfähigkeit
3. Witwen- und Waisenrente

2.1 Wie finanziert sich die gesetzliche Rentenversicherung?

Die Finanzierung der Rentenversicherung beruht auf zwei Grundlagen:

1. Den Beiträgen, die jeweils hälftig von Arbeitnehmern und Arbeitgebern getragen werden
2. Den Bundeszuschüssen aus dem Staatshaushalt

Wesensmerkmale des Finanzierungssystems der Rentenversicherung sind:

1. Das Umlageverfahren
2. Der Generationenvertrag

Unter **Umlageverfahren** ist folgendes zu verstehen: Die eingezahlten Beiträge werden nicht gespart, sondern für die Rentenzahlungen an die derzeitigen Rentner verwendet. Die Beiträge werden also nicht für den Einzelnen als Rücklage gesammelt, sondern sofort wieder als Renten ausgeben. Die junge Generation kommt damit für die Rente der alten Generation auf (so genannter Generationenvertrag).

Grundlage für ein solches Finanzierungssystem ist der **Generationenvertrag**. Er ist ein unausgesprochener und auch nicht schriftlich festgelegter Vertrag zwischen der beitragszahlenden und der rentenempfangenden Generation. Inhalt des Vertrages ist die Verpflichtung der jeweils erwerbstätigen Generation, durch ihre Beiträge die Renten der ihr vorausgehenden Generation zu sichern, in der Erwartung, dass die ihr folgende Generation die gleiche Verpflichtung übernimmt.

Die Renten werden von jeher über Zuschüsse des Bundes mitfinanziert. Die Höhe des Bundeszuschusses wird für jedes Kalenderjahr neu festgesetzt. Die Bundeszuschüsse in der gesetzlichen Rentenversicherung sind von Jahr zu Jahr gestiegen, da sich das Verhältnis von Arbeitnehmern zu Rentnern von früher 5:1 auf heute etwa 3:1 verändert hat. Mit dem allgemeinen Bundeszuschuss an die gesetzliche Rentenversicherung garantiert der Bund den Fortbestand der gesetzlichen Rentenversicherung, auch wenn sich das Verhältnis von Rentnern zu Arbeitnehmern ändert.

Die Pflegeversicherung wurde 1995 als eigenständiger Zweig der Sozialversicherung eingeführt. Sie ist als Pflichtversicherung für alle gesetzlich und privat Versicherten festgelegt. Das bedeutet: Jeder, der gesetzlich krankenversichert ist, ist automatisch in der sozialen Pflegeversicherung. Jeder privat Krankenversicherte muss eine private Pflegeversicherung abschließen. Die Ausgaben der sozialen Pflegeversicherung werden durch Beiträge finanziert, die Arbeitnehmer und Arbeitgeber je zur Hälfte entrichten. Die Pflegeversicherung deckt aber nicht alle Kosten der Pflege ab. Sie ist nämlich als" Teilleistungs-Versicherung", bzw. als „Kernsicherungssystem" konzipiert. Eine vollständige Deckung aller Pflegeleistungen über die Pflegeversicherung würde einen deutlich höheren Beitragssatz erfordern.

Die gesamten Ausgaben der gesetzlichen Rentenversicherung beliefen sich im Jahr 2013 auf rd. 259 Mrd. Euro [15]. Durch die Veränderung der Altersstruktur der Bevölkerung verschiebt sich in Zukunft das Verhältnis von Rentenbeziehern zu Beitragszahlern deutlich zu Lasten der Beitragszahler. In Zukunft werden weniger Beitragszahler mehr Rentner finanzieren müssen. Um weiterhin im Alter ein den Lebensstandard sicherndes Versorgungsniveau erreichen zu können, wird seit dem Jahr 2002, parallel zur Absenkung des Niveaus bei den Renten der gesetzlichen Rentenversicherung, der Aufbau einer zusätzlichen kapitalgedeckten privaten Altersvorsorge oder betrieblichen Altersversorgung in breitem Umfang durch steuerfinanzierte Zulagen und steuerliche Freibeträge gefördert.

Zusätzliche private Vorsorge ist für das Alter wichtig. Dies ist über die Riester-rente, die Betriebliche Altersvorsorge oder mit einem privaten Alters-vorsorgevertrag, der zertifiziert sein muss, möglich.

Nach wie vor bildet aber die gesetzliche Rentenversicherung „Staatliche Regelsi-cherung", „betriebliche Altersversorgung" und „private Altersvorsorge" das klas-sische **"3-Säulen-System"** der Alterssicherung in Deutschland.

Die gesetzliche Rentenversicherung ist das größte soziale Sicherungssystem in der Bundesrepublik Deutschland.

Der Rentenversicherungsbeitrag wurde ab 01.01.2013 auf 18,9 Prozent gesenkt. Dies war deshalb möglich, da sich die wirtschaftliche Entwicklung in dem Sozial-versicherungszweig sehr gut entwickelt hat [15]. Aktuell liegt der Beitragssatz zur gesetzlichen Rentenversicherung bei 18,7 Prozent. Der „Allgemeine Beitragssatz zur Krankenversicherung" liegt bei 14,6 %. Der Beitragssatz zur Pflegeversicher-rung beträgt seit der Anhebung ab 01.01.2015 um 0,3 Beitragssatzpunkte unver-ändert 2,35 % (für Kinderlose 2,6 %).

2.2 Regelaltersrente

Die Regelaltersgrenze wird an die demographische Entwicklung, d.h. der immer älter werdenden Bevölkerung angepasst. Das Altersgrenzen-Anpassungsgesetz vom 20.04.2007 enthält insbesondere Regelungen zur Anhebung der Altersgren-zen. Die maßgebliche Regelaltersgrenze für die Regelaltersrente (§§ 35,235) wird vom 65. Lebensjahr auf das 67. Lebensjahr angehoben. Die Anhebung be-ginnt ab dem Jahr 2012 mit dem Geburtsjahrgang 1947. Diese Anhebung wird stufenweise vorgenommen. Für Schwerbehinderte gilt die Anhebung von 63 auf 65 Jahre.

2.3 Rente nur auf Antrag

Wer eine Rente beanspruchen will, muss einen Rentenantrag beim Rentenver-sicherungsträger stellen.

Versicherter Personenkreis § 1 SGB VI

Versicherungspflichtig sind Personen, die gegen Arbeitsentgelt oder zu ihrer Be-rufsausbildung (Auszubildende) beschäftigt sind. Dies gilt auch für Deutsche, die im Ausland bei einer amtlichen Vertretung des Bundes oder der Länder beschäftigt sind.

Unter **Beschäftigung** versteht man die nicht selbständige Arbeit in einem Arbeitsverhältnis, d.h. wenn der Arbeitende weisungsgebunden am Arbeitsprozess teilnimmt.

Auch Beschäftigte nach dem Prostitutionsgesetz (ProstG) vom 01.10.2002 können für die Erbringung sexueller Handlungen bei der Sozialversicherung angemeldet werden und stehen dann in einem sozialversicherungspflichtigen Beschäftigungsverhältnis. Bordellbetreiber können aufgrund der Novellierung des ProstG im Jahr 2010 durch Streichung des § 180a Abs.1 Nr.2 StGB Prostituierte bei der SV anmelden, ohne sich der Gefahr der Strafverfolgung auszusetzen. Damit kann sich die Zahl der versicherungspflichtigen Beschäftigungsverhältnisse in diesem Bereich erhöhen.

Die RV-Versicherungspflicht besteht auch bei Bezug von Kurzarbeitergeld (SGB III) oder Winterausfallgeld weiterhin fort.

Aber auch behinderte Menschen in geschützten Einrichtungen und selbständig tätige Lehrer, Erzieher, Hebammen usw. unterliegen, wenn sie nicht verbeamtet sind, der Versicherungspflicht.

Jeder Arbeitnehmer erhält einen Sozialversicherungsausweis mit einer Versicherungsnummer, bestehend aus Buchstaben und Zahlen (12-stellig), wobei die ersten Nummern das Bundesland angeben, dann Geburtsdatum, Anfangsbuchstabe des Geburtsnamens und Prüfziffern, die bei Männern mit 0 und bei Frauen mit 5 beginnen.

3 Allgemeines zu HIV und Rente

Oft ist sogar bei AIDS noch eine **volle Leistungsfähigkeit** gegeben. Dennoch wurden immer wieder auch relativ junge **HIV/AIDS Patienten zu Erwerbsminderungsrentnern.**

Um die Erwerbsminderung zu verhindern kann seitens der gesetzlichen Rentenversicherung auch eine Heilbehandlung gewährt werden, denn immer noch gilt der Grundsatz „Reha vor Rente."

Bringt eine Rehabilitationsmaßnahme aber keinen Erfolg, so wird die Rente wegen Erwerbsminderung eingereicht, bzw. kann der Reha-Antrag auch sofort in einen Rentenantrag umgewandelt werden.

Die Erwerbsunfähigkeitsrente soll den Verdienst weitgehend ersetzen, wenn der Versicherte aus gesundheitlichen Gründen nicht mehr arbeiten kann.

Wie jeder Erwerbsgeminderte müssen auch Patienten mit HIV/AIDS, wenn sie erwerbsgemindert sind und die gesetzlichen Voraussetzungen für eine Rente erfüllt haben, zunächst einen Rentenantrag stellen.

3.1 Geschichtliches zur heutigen Erwerbsminderungsrente

Die Absicherung des Risikos der Erwerbsminderung ist seit über 120 Jahren die zentrale Aufgabe der gesetzlichen Rentenversicherung. Rund drei Viertel der Bundesbürger oder mehr als 57 Millionen Menschen werden heute von der gesetzlichen Rentenversicherung betreut.

Seit 2001 ist der frühere Begriff der "Erwerbsunfähigkeit" durch den Begriff der **"Erwerbsminderung"** ersetzt worden. Es gibt also keine Erwerbsunfähigkeitsrente mehr, sondern nur noch die Rente wegen Erwerbsminderung in der **zweistufigen Form**, als **teilweise** und **volle Erwerbsminderung**, die in § 43 SGB VI der Sozialversicherung geregelt ist.

Eine Erwerbsminderung im Sinne der Rentenversicherung liegt vor, wenn die Leistungsfähigkeit aus gesundheitlichen Gründen eingeschränkt ist.

Teilweise erwerbsgemindert ist, wer aus gesundheitlichen Gründen (Krankheit, Behinderung) nur noch in der Lage ist weniger als sechs Stunden täglich (mindestens 3 Stunden) unter den üblichen Bedingungen des allgemeinen Arbeitsmarktes erwerbstätig zu sein. In diesen Fällen besteht bei Erfüllung der sonstigen Voraussetzungen die Möglichkeit, eine Rente wegen teilweiser Erwerbsminderung zu erhalten.

Eine **volle Erwerbsminderung** aufgrund des Gesundheitszustandes (ärztliche Feststellung), ist dann gegeben, wenn nur noch weniger als drei Stunden täglich eine Erwerbstätigkeit unter den Bedingungen des allgemeinen Arbeitsmarktes ausgeübt werden kann. Sollte bei einem drei- bis sechsstündigen Leistungsvermögen kein Arbeitsplatz vorhanden und der Arbeitsmarkt verschlossen sein, ist aufgrund der von der Rechtsprechung her entwickelten **konkreten Betrachtungsweise** ebenfalls die Zahlung einer Rente wegen voller Erwerbsminderung möglich. Neben den medizinischen sind außerdem in beiden Fällen folgende versicherungsrechtliche Voraussetzungen erforderlich:

1. Sie müssen mindestens fünf Jahre versichert sein, d.h. damit ist die sogenannte allgemeine Wartezeit erfüllt. [1]
2. In den letzten fünf Jahren vor Eintritt der Erwerbsminderung müssen drei Jahre mit Pflichtbeiträgen für eine versicherte Beschäftigung oder Tätigkeit belegt sein.

3.2 Erwerbsminderungsrenten durch HIV/AIDS

Ziel der Ausführungen ist darzulegen, wie viele Rentenzugänge es wegen verminderter Erwerbsfähigkeit infolge HIV/AIDS (B20-B24) im Verhältnis zum Gesamtrentenaufkommen in Deutschland in den Jahren 2008-2013 gab. Aufgezeigt werden Rentenzugänge getrennt nach Männern und Frauen sowie Durchschnittsalter bei Rentenbeginn, Rentenhöhen in den einzelnen 5 Altersgruppen usw.

Die DRV hat mir auf meine Anfrage reichlich Zahlenmaterial in den oben genannten Ausführungen über Erwerbsunfähigkeitsrenten durch HIV/AIDS zukommen lassen, wofür ich sehr dankbar bin.

Zu klären ist, ob durch die heute gegebene gute Behandelbarkeit der HIV-Erkrankung mit oft langanhaltender Leistungsfähigkeit, in den Jahren 2008-2013 das Rentenaufkommen durch die HIV-Krankheit abgenommen, bzw. zugenommen hat oder gleichgeblieben ist.

Um die vom Rentenversicherungsträger erhaltenen Zahlen der Rentenzugänge wegen verminderter Erwerbsfähigkeit mit den Zahlen des RKI der mit einer HIV-Diagnose lebender Personen vergleichen zu können (denn nur wer die Erkrankung hat, kann evtl. rentenberechtigt sein), hat mir das RKI freundlicherweise in 14 unterteilten Altersgruppen (AG5) für die Jahre 2008-2013, getrennt nach Männern und Frauen als PLWH, d.h. People Living With HIV **neue Daten** als Punktschätzung zukommen lassen.

---

[1] Auf Zeiten, die ebenfalls für die Wartezeit mitzählen können, will ich hier nicht näher eingehen.

Dies war nötig, da das Datenmaterial, welches jährlich in den epidemiologischen Bulletins bekanntgegeben wird, lediglich das allgemeine Infektionsgeschehen darlegt und nicht für das Rentenaufkommen verwertbar ist.

3.2.1. Daten des RKI für die Auswertung des Rentenaufkommens

Tabelle 4: Punktschätzung der mit einer HIV-Diagnose lebenden Personen.

Geschlecht	AG5	2008	2009	2010	2011	2012	2013
männlich	15-19	130	140	140	140	130	110
männlich	20-24	730	780	830	880	910	930
männlich	25-29	1900	2000	2100	2100	2200	2300
männlich	30-34	3100	3300	3500	3600	3700	3900
männlich	35-39	5300	5100	4900	4800	4800	4900
männlich	40-44	8200	8200	8000	7700	7400	7000
männlich	45-49	8400	8900	9400	9700	9800	9900
männlich	50-54	5400	6100	7000	7800	8600	9400
männlich	55-60	3100	3600	4100	4600	5100	5800
männlich	60-65	2100	2100	2200	2500	2800	3300
männlich	65-70	2300	2500	2500	2500	2300	2200
männlich	70-75	1100	1300	1500	1800	2100	2400
männlich	75-80	490	550	630	730	880	1100
männlich	80+	440	510	600	690	790	900
Gesamt m		**42690**	**45080**	**47400**	**49540**	**51510**	**54140**
weiblich	15-19	45	40	40	40	40	40
weiblich	20-24	310	270	240	220	200	200
weiblich	25-29	710	710	710	700	690	670
weiblich	30-34	1100	1100	1100	1100	1200	1200
weiblich	35-39	1200	1300	1300	1400	1400	1500
weiblich	40-44	1600	1600	1500	1500	1500	1500
weiblich	45-49	1600	1700	1800	1800	1800	1800
weiblich	50-54	990	1200	1300	1500	1600	1700
weiblich	55-60	450	530	640	770	900	1100
weiblich	60-65	240	270	310	360	420	490
weiblich	65-70	230	240	230	230	240	260
weiblich	70-75	120	150	180	200	220	230
weiblich	75-80	35	40	50	60	85	110
weiblich	80+	80	85	90	95	100	100
Gesamt w		**8710**	**9235**	**9490**	**9975**	**10395**	**10900**

Aus der Tabelle 4 vom RKI wird ersichtlich, dass die Schätzung der mit einer HIV-Diagnose lebenden Personen (PLWH = **P**erson **L**iving **W**ith **H**IV) in den Summen etwas niedriger ist als die in Tabelle 1 angegebenen epidemiologischen Daten aus den Jahren 2008-2012. Diese in Tabelle 1 dargelegten Summen sind die Gesamtzahlen aller geschätzten HIV-Infizierten, inklusive derer, die noch **nicht** diagnostiziert sind.

Da Menschen, deren HIV-Infektion noch nicht bekannt ist, verständlicherweise auch keine Rente erhalten können, wurde mir die Punktschätzung des RKI für die Auswertung des Rentenaufkommens zugesandt.

3.2.2 Daten der DRV für die Auswertung des Rentenaufkommens

Freundlicherweise habe ich nach Anruf in Berlin die Erlaubnis erhalten, mit Angabe der Herkunft der Tabellen diese im Original oder auch mit Anmerkungen zu veröffentlichen.
Die Rentenzugänge 2008-2013 wurden mir als „Sonderauswertung" in Excel Tabellen zugesandt.
Herkunft der Daten:
Deutsche Rentenversicherung Bund (Hrsg.), Statistik der Deutschen Rentenversicherung, Sonderauswertung, Referat 0251, Statisches Berichtswesen in Würzburg

Tabelle 5: Gesamtrentenzugänge in Deutschland nach SGBVI wegen verminderter Erwerbsfähigkeit 2008-1013

Berichtsjahr	Renten wegen verminderter Erwerbs-fähigk.* insgesamt	Zugangsalter (Unterschied zwischen Rentenbeginns- und Geburtsjahr)								Durch-schnitts-alter bei Renten-beginn
		bis 30	30-34	35-39	40-44	45-49	50-54	55-59	60 und höher	
	Anzahl									Jahre
	1	2	3	4	5	6	7	8	9	10
2008	161.265	4.268	4.426	10.504	18.095	25.750	37.844	49.280	11.098	50,11
2009	171.129	4.493	4.763	10.493	18.844	27.479	39.334	52.859	12.864	50,27
2010	180.752	4.878	5.249	10.427	19.350	28.971	41.940	54.676	15.261	50,37
2011	178.497	4.852	5.487	9.876	18.405	28.233	41.257	53.132	17.255	50,50
2012	177.061	4.689	5.311	9.605	17.725	27.081	40.448	52.038	20.164	50,75
2013	175.135	4.264	5.352	9.264	16.381	26.110	39.709	50.737	23.318	51,06

*) Ohne Renten für Bergleute wegen Vollendung des 50. Lebensjahres.

Die Tabelle 5 zeigt, dass von 2009 das Rentenaufkommen wegen verminderter Erwerbsfähigkeit zugenommen hat und ab 2011 bis 2013 wieder abnimmt.

Mit höherem Alter ist, wie zu erwarten, das Rentenaufkommen in der Altersgruppe 55-59 am höchsten. Das Durchschnittsalter bei Rentenbeginn gemessen an den Gesamtrentenzugängen wegen verminderter Erwerbsfähigkeit war mit 51,06 Jahren 2013 am höchsten.

Tabelle 6: Gesamtrentenzugänge Männer 2008-2013

Berichtsjahr	Renten wegen verminderter Erwerbsfähigk.* insgesamt Männer	Zugangsalter (Unterschied zwischen Rentenbeginns- und Geburtsjahr)								Durchschnittsalter bei Rentenbeginn
		bis 30	30-34	35-39	40-44	45-49	50-54	55-59	60 und höher	
		Anzahl								Jahre
	1	2	3	4	5	6	7	8	9	10
2008	86.449	2.297	2.108	5.070	8.814	13.117	20.090	27.491	7.462	50,64
2009	90.427	2.387	2.205	5.054	8.960	13.781	20.510	29.089	8.441	50,81
2010	94.763	2.603	2.487	4.915	9.062	14.123	22.015	29.735	9.823	50,91
2011	92.852	2.466	2.616	4.686	8.585	13.699	21.015	28.619	11.166	51,08
2012	90.544	2.354	2.416	4.467	8.059	12.782	20.264	27.456	12.746	51,38
2013	88.519	2.073	2.471	4.267	7.395	12.084	19.755	26.402	14.072	51,67
*) Ohne Renten für Bergleute wegen Vollendung des 50. Lebensjahres.										

2010 ist das Rentenaufkommen bei Männern am höchsten um dann bis 2013 kontinuierlich wieder abzunehmen.

In den einzelnen Altersgruppen nimmt das Rentenaufkommen ab. Ab der Altersgruppe 45-49 gegenüber den niedrigeren Altersgruppen wieder zu und ist 2010 mit 14.123 am höchsten. Mit 55-59 Jahren ist das Rentenaufkommen am höchsten, besonders im Jahr 2010 mit 29.735 Renten. Bis 2013 ist immerhin eine Abnahme der Renten bei Männern zwischen 55-59 Jahren um 3.333 gegenüber 2010 zu verzeichnen. Das Durchschnittsalter bei Rentenbeginn bei Männern liegt 2013 gegenüber 2008 um 1,03 Jahre höher.

Tabelle 7: Gesamtrentenzugänge Frauen 2008-2013

Berichtsjahr	Renten wegen vermin-derter Erwerbs-fähigk.* insgesamt Frauen	Zugangsalter (Unterschied zwischen Rentenbeginns- und Geburtsjahr)								Durch-schnitts-alter bei Renten-beginn
		bis 30	30-34	35-39	40-44	45-49	50-54	55-59	60 und höher	
		Anzahl								Jahre
	1	2	3	4	5	6	7	8	9	10
2008	74.816	1.971	2.318	5.434	9.281	12.633	17.754	21.789	3.636	49,49
2009	80.702	2.106	2.558	5.439	9.884	13.698	18.824	23.770	4.423	49,66
2010	85.989	2.275	2.762	5.512	10.288	14.848	19.925	24.941	5.438	49,77
2011	85.645	2.386	2.871	5.190	9.820	14.534	20.242	24.513	6.089	49,87
2012	86.517	2.335	2.895	5.138	9.666	14.299	20.184	24.582	7.418	50,09
2013	86.616	2.191	2.881	4.997	8.986	14.026	19.954	24.335	9.246	50,43

*) Ohne Renten für Bergleute wegen Vollendung des 50. Lebensjahres.

Insgesamt erhalten weniger Frauen gegenüber Männern Rente wegen vermin-derter Erwerbsfähigkeit, wobei das höchste Rentenaufkommen in der Altersgrup-pe 55-59 liegt. D.h. die Anzahl der Männer beträgt 86.449 und Anzahl der Frauen beträgt 74.816. Das höchste Rentenaufkommen bei Frauen liegt ebenfalls wie das Rentenaufkommen bei Männern in der Altersgruppe 55-59. Das Durch-schnittsalter der Frauen ist bei Rentenbeginn gegenüber den Männern 2008 und 2009 um etwa 1,15 Jahre geringer, 2013 um 1,24 Jahre.

Tabelle 8: Überblick Gesamtrentenzugänge Männer und Frauen

Jahr	Renten wegen verminderter Erwerbsfähigkeit Gesamt	Männer	Frauen
2008	161.265	86.449	74.816
2009	171.129	90.427	80.702
2010	180.752	97.763	85.989
2011	178.497	92.852	85.645
2012	177.061	90.544	86.517
2013	175.135	88.519	86.616

Die zahlenmäßige Gegenüberstellung der Gesamtrentenzugänge getrennt nach Männern und Frauen der Jahre 2008-2013 zeigt, wie viel weniger Frauen an dem Gesamtrentenaufkommen im Sechsjahreszeitraum zu verzeichnen sind.

Tabelle 9: Rentenzugänge wegen verminderter Erwerbsfähigkeit insgesamt, wegen HIV/AIDS mit Altersgruppen und Durchschnittsalter bei Rentenbeginn

Berichtsjahr	Renten wegen verminderter Erwerbsfähigk.* insgesamt	Prozentualer Anteil der Gesamtrenten - HIV-Krankheit -	Zugangsalter (Unterschied zwischen Rentenbeginns- und Geburtsjahr)								Durch-schnitts-alter bei Renten-beginn
			bis 30	30-34	35-39	40-44	45-49	50-54	55-59	60 und höher	
	Anzahl										Jahre
	1		2	3	4	5	6	7	8	9	10
2008	284	0,18%	9	11	45	68	64	52	26	9	45,26
2009	298	0,17%	8	21	47	73	62	39	40	8	44,87
2010	298	0,16%	11	20	30	52	90	63	25	7	45,59
2011	244	0,14%	4	11	36	47	62	47	31	6	46,16
2012	233	0,13%	2	12	18	46	54	57	36	8	47,41
2013	180	0,10%	3	10	24	34	43	40	20	6	46,31

Gegenüber den Gesamtrenten, ohne Hinweis auf spezielle Diagnosen, sind die Rentenzugänge mit der Diagnose HIV/AIDS mit maximal 0,18% im Jahr 2008 und in den weiteren 6 Jahren verschwindend gering s.Tab.15

Das Durchschnittsalter bei Rentenbeginn der 284 männlichen Rentner infolge HIV/AIDS lag 2008 bei 45,26 Jahren, bei einem deutlichen Rückgang der Rentenzugänge im Jahr 2013 auf 180 Renten wegen verminderter Erwerbsfähigkeit und einem Durchschnittsalter bei Rentenbeginn mit 46,31 Jahren.

Tabelle 10: Rentenzugänge wegen verminderter Erwerbsfähigkeit bei Männern mit HIV/AIDS 2008-2013

Berichtsjahr	Renten wegen verminderter Erwerbsfähigk.* insgesamt Männer	Zugangsalter (Unterschied zwischen Rentenbeginns- und Geburtsjahr)								Durchschnittsalter bei Rentenbeginn
		bis 30	30-34	35-39	40-44	45-49	50-54	55-59	60 und höher	
		Anzahl								Jahre
	1	2	3	4	5	6	7	8	9	10
2008	237	7	10	41	46	59	41	24	9	45,40
2009	257	8	15	40	62	54	35	37	6	45,04
2010	246	4	16	26	44	75	53	22	6	46,10
2011	196	3	6	31	39	48	40	25	4	46,26
2012	199	1	9	16	39	48	49	31	6	47,46
2013	145	1	6	19	27	33	38	17	4	46,83

Das Durchschnittsalter bei Rentenbeginn der Männer ist 2008-2013 annähernd stabil. In relativ jungen Jahren d.h., der Altersgruppe 45-49 Jahren ist das höchste Rentenaufkommen zu verzeichnen und ist 2010 mit 75 Renten am höchsten. Es sinkt 2011 und 2012 auf je 48 Zugänge weiter ab. 2013 sind bei Männern nur noch 33 Renten zu verzeichnen. Das Durchschnittsalter bei Rentenbeginn der Männer ist 2009 mit 45,04 Jahren am niedrigsten und im Jahr 2012 mit 47,46 Jahren am höchsten.

Tabelle 11: Rentenzugänge wegen verminderter Erwerbsfähigkeit bei Frauen mit HIV/AIDS 2008-2013

Berichtsjahr	Renten wegen verminderter Erwerbsfähigk.* insgesamt Frauen	Zugangsalter (Unterschied zwischen Rentenbeginns- und Geburtsjahr)								Durchschnittsalter bei Rentenbeginn
		bis 30	30-34	35-39	40-44	45-49	50-54	55-59	60 und höher	
	Anzahl									Jahre
	1	2	3	4	5	6	7	8	9	10
2008	47	2	1	4	22	5	11	2	–	44,57
2009	41	–	6	7	11	8	4	3	2	43,83
2010	52	7	4	4	8	15	10	3	1	43,17
2011	48	1	5	5	8	14	7	6	2	45,75
2012	34	1	3	2	7	6	8	5	2	47,09
2013	35	2	4	5	7	10	2	3	2	44,11

Im gesamten dargestellten Sechsjahreszeitraum ist das Rentenaufkommen bei Frauen mit HIV/AIDS nahezu zu vernachlässigen und dürfte insgesamt kein Problem für den Rentenversicherungsträger darstellen.

Bei **Frauen** (Tabelle 11) lag das Durchschnittsalter bei Rentenbeginn 2008 bei 44,57 und 2013 bei 44,11. Das Durchschnittsalter der Gesamtrentner Frauen bei Rentenbeginn ist 1-2 Jahre geringer als bei Männern.

Tabelle 12: Renten insgesamt infolge HIV/AIDS mit durchschnittlichem Rentenzahlbetrag 2008-2103

Berichtsjahr	Renten insgesamt	Durchschnittlicher Rentenzahlbetrag
	Anzahl	EUR
	1	2
2008	284	489,54
2009	298	460,75
2010	298	447,56
2011	244	430,27
2012	233	428,34
2013	180	412,48

Der durchschnittliche Rentenzahlbetrag differiert etwas in dem Sechsjahreszeitraum. Das Rentenaufkommen ist 2013 mit 180 Renten am geringsten.

Tabelle 13: Renten bei Männern infolge HIV/AIDS mit durchschnittlichem
Zahlbetrag 2008-2013

Berichtsjahr	Renten insgesamt	Durchschnittlicher Rentenzahlbetrag
	Anzahl	EUR
	1	2
2008	237	489,50
2009	257	475,81
2010	246	456,70
2011	196	436,43
2012	199	436,61
2013	145	424,80

Tabelle 14: Renten bei Frauen infolge HIV/AIDS mit durchschnittlichem
Zahlbetrag 2008-2013

Berichtsjahr	Renten insgesamt	Durchschnittlicher Rentenzahlbetrag
	Anzahl	EUR
	1	2
2008	47	489,71
2009	41	366,34
2010	52	404,37
2011	48	405,15
2012	34	379,95
2013	35	361,40

Der Vergleich von Tabelle 13 und 14 zeigt die Unterschiede der durchschnitt-
lichen Zahlbeträge:

Der Rentenzahlbetrag pro Monat ist bei der Frau gegenüber dem Mann:
2008	um	0,21 €	höher
2009	um	109,47 €	niedriger
2010	um	52,33 €	niedriger
2011	um	31,28 €	niedriger
2012	um	56,66 €	niedriger
2012	um	63,40 €	niedriger

22

Tabelle 15: Gesamtrenten mit absolutem und prozentualem Anteil an HIV-Renten wegen verminderter Erwerbsfähigkeit

Jahr	Renten wegen verminderter Erwerbsfähigkeit Gesamt	Renten wegen verminderter Erwerbsfähigkeit HIV-Krankheit	Prozentualer Anteil der Gesamtrenten HIV-Krankheit
2008	161.265	284	0,18%
2009	171.129	298	0,17%
2010	180.752	298	0,16%
2011	178.497	244	0,14%
2012	177.061	233	0,13%
2013	175.135	180	0,10%

Das gesamte Rentenaufkommen wegen verminderter Erwerbsfähigkeit ist insgesamt verschwindend gering und nimmt von 2008 mit 0,18 Prozent bis 2013 auf 0,10 Prozent noch weiter ab.

Tabelle 16: Renten wegen verminderter Erwerbsfähigkeit bei Männern und Frauen mit der Diagnose HIV/AIDS sowie Leistungen zur stationären, medizinischen Rehabilitation ist 2008-2013

Berichtsjahr	Renten wegen verminderter Erwerbsfähigkeit nach SGB VI* an Männer insgesamt	Unter den Fällen der Spalte 1 hatten in den letzten 5 Jahren vor dem aktuellen Rentenbeginn keine	mindestens eine stationäre medizinische Rehabilitationsleistung	Renten wegen verminderter Erwerbsfähigkeit nach SGB VI an Frauen Insgesamt	Unter den Fällen der Spalte 4 hatten in den letzten 5 Jahren vor dem aktuellen Rentenbeginn keine	mindestens eine stationäre medizinische Rehabilitations- leistung
	Anzahl				Anzahl	
	1	2	3	4	5	6
2008	237	182	55	47	36	11
2009	257	201	56	41	35	6
2010	246	203	43	52	43	9
2011	196	152	44	48	37	11
2012	199	152	47	34	30	4
2013	145	110	35	35	30	5

Es ist erstaunlich, wie wenige Männer mit der Diagnose HIV/AIDS in den letzten 5 Jahren vor dem aktuellen Rentenbeginn stat. med. Reha- Leistung erhielten. 2008 haben von 237 Rentnern lediglich 55 eine stat. med. Reha- Leistung erhalten, im gleichen Jahr haben von 47 Frauen nur 11 eine stat. med. Rehabilitation erhalten. In den folgenden Jahren wurden sowohl bei Männern - als auch bei Frauen - stationäre medizinische Rehabilitationsleistungen immer weniger gewährt.

Offenbar wurde bei fortgeschrittener Erkrankung und voraussehbarer Erfolglosigkeit einer durchzuführenden Rehabilitationsleistung, eine Rehabilitation erst gar nicht bewilligt, sondern der Antrag zur Rehabilitation sofort in einen Rentenantrag umgewandelt.

Tabelle 17: Rente wegen voller Erwerbsminderung mit der Diagnose HIV/AIDS wegen des verschlossenen Arbeitsmarktes 2008-2013

Berichtsjahr	Renten wegen verminderter Erwerbsfähigk.* insgesamt	Zugangsalter (Unterschied zwischen Rentenbeginns- und Geburtsjahr)								Durchschnittsalter bei Rentenbeginn
		bis 30	30-34	35-39	40-44	45-49	50-54	55-59	60 und höher	
		Anzahl								Jahre
	1	2	3	4	5	6	7	8	9	10
2008	30	3	2	5	8	10	2	–	–	41,07
2009	28	–	3	4	6	3	6	6	–	45,68
2010	32	2	2	5	3	7	10	2	1	45,63
2011	32	–	2	1	9	10	6	4	–	46,81
2012	22	–	2	1	6	4	7	2	–	46,18
2013	10	–	1	2	–	3	3	1	–	46,50

In der Tabelle 17 werden die Renten wegen voller Erwerbsminderung wegen des verschlossenen Arbeitsmarktes aufgeführt. Hieraus ist ersichtlich, dass nur eine geringe Zahl an Rentnern wegen verschlossenen Arbeitsmarktes eine Rente erhalten.

Tabelle 18: Rente wegen voller Erwerbsminderung bei Männern mit der Diagnose HIV/AIDS wegen des verschlossenen Arbeitsmarktes 2008 -2013

Berichtsjahr	Renten wegen verminderter Erwerbsfähigkeit Männer	Zugangsalter (Unterschied zwischen Rentenbeginns- und Geburtsjahr)								Durchschnittsalter bei Rentenbeginn
		bis 30	30-34	35-39	40-44	45-49	50-54	55-59	60 und höher	
	Anzahl									Jahre
	1	2	3	4	5	6	7	8	9	10
2008	23	2	2	4	4	9	2	–	–	41,52
2009	25	–	2	3	6	3	6	5	–	46,28
2010	30	2	2	5	3	7	8	2	1	45,27
2011	26	–	1	1	8	9	5	2	–	46,58
	18	–	1	1	5	4	5	2	–	46,72
2013	9	–	–	2	–	3	3	1	–	47,89

Tabelle 19: Rente wegen voller Erwerbsminderung bei Frauen mit der Diagnose HIV/AIDS wegen des verschlossenen Arbeitsmarktes 2008-2013

Berichtsjahr	Renten wegen verminderter Erwerbsfähigkeit Frauen	Zugangsalter (Unterschied zwischen Rentenbeginns- und Geburtsjahr)								Durchschnittsalter bei Rentenbeginn
		bis 30	30-34	35-39	40-44	45-49	50-54	55-59	60 und höher	
	Anzahl									Jahre
	1	2	3	4	5	6	7	8	9	10
2008	7	1	–	1	4	1	–	–	–	39,57
2009	3	–	1	1	–	–	–	1	–	40,67
2010	2	–	–	–	–	–	2	–	–	51
2011	6	–	1	–	1	1	1	2	–	47,83
2012	4	–	1	–	1	–	2	–	–	43,75
2013	1	–	1	–	–	–	–	–	–	34

Die Tabellen 17, 18 und 19 zeigen, dass die Frage, ob eine teilweise Erwerbsminderung vorliegt, auch von der Lage am Arbeitsmarkt abhängig ist. Der Rentenversicherer prüft, ob die betroffenen Personen mit ihrer gesundheitlichen Beeinträchtigung überhaupt noch eine Chance auf dem Arbeitsmarkt haben, sogenannte konkrete Betrachtungsweise. Dies wird nur bei einem Leistungsvermögen von 3 bis 6 Stunden geprüft, da bei einer unter 3-stündigen Leistungsfähigkeit ohnehin ein Anspruch auf volle Erwerbsminderungsrente besteht.

Aus den Tabellen wird deutlich, dass bei der geringen Anzahl an Rentnern wegen verminderter Erwerbsfähigkeit insgesamt von 237 (Tab.16) im Jahr 2008 wegen verschlossenem Arbeitsmarkt nur 23 Männer (Tab. 18) und von 47 berenteten Frauen (Tab 16) nur 7 Frauen (Tab.19) eine Rente wegen verschlossenem Arbeitsmarkt erhielten. Im Jahr 2013 bekam von 145 berentenden Männern nur 9 (Tab.18) und von 35 Frauen nur 1 Frau (Tab.19) wegen verschlossenen Arbeitsmarktes eine Rente gewährt. Diese geringen Anteile an Rentengewährungen wegen verschlossenen Arbeitsmarktes sind also kaum erwähnenswert.

4 Zusammenfassung

Das Rentenaufkommen bei HIV/AIDS ist gegenüber allen anderen rentenrelevanten Erkrankungen sehr gering und liegt im 0,1-Prozentbereich, d.h. 2008 nur bei 0,18 Prozent und 2013 nur noch bei 0,10 Prozent s.Tab.15).

Der Rentenversicherungsträger wird hierdurch sicherlich finanziell nicht belastet. Obgleich weiterhin der Grundsatz „Rehabilitation vor Rente" gilt, erhielten im betrachteten Sechsjahreszeitraum nur wenige Erkrankte eine Rehabilitation, im Zeitraum der letzten 5 Jahre vor dem aktuellen Rentenbeginn. Offenbar wurde, wenn bei Gewährung einer Rehabilitation keine Erfolgsaussicht bestand, der Rehabilitationsantrag in einen Rentenantrag umgewandelt.

Insgesamt ist sowohl bei Männern als auch bei Frauen die Anzahl der Renten wegen verminderter Erwerbsfähigkeit von 2008-2013 rückläufig. Die Rentenzugangszahlen durch die chronische Krankheit HIV, die inzwischen gut behandelbar ist, wird laut den Ausführungen jährlich immer etwas geringer.

Die Rentenzahlungen sind gering, da HIV/AIDS-Erkrankte meist sehr jung sind und dadurch nicht genügend Geld in die Rentenversicherung einzahlen konnten. Leider sind dann viele auf ergänzende Sozialhilfe in Form der Grundsicherung angewiesen.

HIV ist in Deutschland nach wie vor ein sozialmedizinisches Problem, sicherlich aber kein Problem für den Rentenversicherungsträger.

HIV-positive oder an AIDS-erkrankte Frauen geraten häufiger in finanzielle Not, da sie meistens eine schlechtere Einkommenssituation als Männer haben und nur zum geringen Teil überhaupt rentenberechtigt sind. In ihrer Not wenden sie sich dann häufig, insbesondere alleinerziehende Mütter, an die Deutsche AIDS-Stiftung.

Laut Jahresbericht 2014 der Deutschen AIDS-Stiftung [17] waren 50,3 Prozent aller Antragsteller weiblich, obwohl Frauen 2014 nur 18,8 Prozent aller HIV-positiven Menschen in Deutschland ausmachten. Aus dem Zusammentreffen einer Mehrzahl gesellschaftlicher, gesundheitlicher und materieller Problemlagen, ergibt sich gerade für viele Frauen der besondere Bedarf an finanziellen Hilfen, da die gesetzlichen Sozialleistungen nicht ausreichen. So haben erstmals in der fast 30-jährigen Geschichte der Stiftung, 2014 mehr Frauen als Männer, Anträge auf Einzelhilfen gestellt.

Die HIV-Infektion ist mit den zur Verfügung stehenden guten Behandlungsmöglichkeiten zwar zur chronischen Infektion geworden, womit die meisten HIV-

Infizierten mehr oder minder gut leben können. Das Fernziel bleibt jedoch das Erreichen einer Heilung.

Etwa zwei Drittel der Menschen mit HIV/AIDS gehen einer beruflichen Tätigkeit nach, machen eine Ausbildung bzw. absolvieren ein Studium. Sie bleiben dadurch gesellschaftlich integriert, was sicherlich neben der psychischen Belastung durch die Erkrankung, sowie der Angst vor Diskriminierung und Stigmatisierung, zum besseren physischen und psychischen Wohlbefinden beiträgt.

Dank guter Behandelbarkeit und normaler Lebenserwartung können viele Erkrankte lange Zeit am Arbeitsleben teilnehmen und erzielen ein eigenes Einkommen.

Literaturverzeichnis

1. HIV/AIDS-Bundesgesundheitsministerium Glossarbegriff HIV/AIDS

2. Ausgabe 02/0- Artikel AIDS -eine Chronologie

   (http://www.brandeins.de/wissen/hilfe/hilfe-klinische-studien/aids-eine Chronologie Ausgabe 02/00)

3. Gib AIDS Keine Chance

4. Wann kommt ein Impfstoff gegen HIV? Juni 2015

5. Stand der medizinischen Forschung-Gib AIDS keine Chance

6. Das Wissensportal zu HIV und anderen sexuell übertagbaren Infektionen

   (http://www.gib-aids-keine-chance.de/wissen/aids_hiv/stand_der_medizinischen_forschung.php)

7. Wann kommt ein Impfstoff gegen HIV

8. Molekulare Schere in: Mögliche Therapie in der Entwicklung Ärzte Zeitung 22.05.2015

9. Erkennungsmolekül des HI-Virus in Immunzellen identifiziert

   (http://www.pei.de/DE/infos/presse/pressemitteilungen/2015/07-erkennungsmolekül-hiv-immunzellen.de)

10. HIV/AIDS Infos Ausgabe 74

11. Süddeutsche Zeitung 18.Oktober 2013

12. Hunderttausende HIV-Infizierte leben ahnungslos

13. Spiegel Online Gesundheit 27.11.2013

14. Nachrichten der Deutschen Rentenversicherung Hessen 4/2014

15. Übersicht über das Sozialrecht, Ausgabe 2015/2016 BW Bildung und Wissenverlag

16. Aktuelle Pressemitteilung der Deutschen Rentenversicherung vom 16.12.2014

17. Jahresbericht 2014, Die Arbeit der Deutschen AIDS-Stiftung für Menschen mit HIV und AIDS

18. Aufgerüstete Stammzellen bekämpfen HIV

   (http://www.scinexx.de/wissen-aktuell-14660-2012-04-13.html)

Diese Broschüre ist entstanden mit freundlicher Unterstützung von:

Herstellung und Verlag:
BoD - Books on Demand, Norderstedt
ISBN 978-3-7392-4752-6